COLONEL DE POLIGNAC

# FRANCE & ISLAMISME

*(avec une Carte)*

SEPTEMBRE 1893

ALGER
IMPRIMERIE L. REMORDET & Cie
Rues de la Casba, 4, et Charles-Quint, 5

I0167144

1577
11145

# FRANCE & ISLAMISME

———■———

L b 57

11145

COLONEL DE POLIGNAC

# FRANCE & ISLAMISME

SEPTEMBRE 1893

ALGER
IMPRIMERIE L. REMORDET & Cie
Rues de la Casba, 4, et Charles-Quint, 5

BIBLIOTHÈQUE NATIONALE
R.F.

# FRANCE & ISLAMISME

DIX ANS DE CAPTIVITÉ DANS LE CAMP DU MAHDI

PAR LE

Major F. R. WINGATE R. A. (1882-1892)

## I

Tel est l'ouvrage sur lequel nous attirons l'attention du public français.

La préface, qui est l'œuvre personnelle du major Wingate, est datée du Caire, 30 juillet 1892. Un an, à peine, s'est écoulé depuis. Préface et livre sont donc des documents d'actualité.

Il est temps de nous mettre à l'étude de ces choses-là.

Nous n'avons pas, à l'heure présente, de politique musulmane-africaine.

Il devient urgent d'en fonder une, et les documents

---

(1) Publié en anglais à Leipzig (1893), Heinemann et Balestier, se trouvant aussi à Paris, chez Hachette et C⁰.

Tiré des manuscrits originaux du Père Joseph Ohrwalder, ancien prêtre de la mission autrichienne de Delen, dans le Kordofan.

(Le major Wingate est Directeur des Informations militaires dans l'armée égyptienne ; il est auteur d'un livre antérieurement publié à Londres, Macmillan et C⁰, 1891, sous le titre : *Mahdiisme et Soudan Egyptien*).

dont nous parlons nous apportent une très grande lumière, pour éclairer notre œuvre. Depuis le Maroc jusqu'à la Mer Rouge, depuis le rivage Sud de la Méditerranée, jusqu'aux Grands Lacs et au Congo, tout, en Afrique, est sous l'influence musulmane.

Devant cette puissante unité, nous ne pouvons pas agir par politiques locales, il nous faut unité de plan et de conduite.

Nous nous pressons de tous côtés autour du Tchad, et voilà qu'un grand empire *nègre* musulman, car son fondateur et son chef actuel sortent de la même tribu aborigène appelée Baggara, s'élève depuis 1882, et touche au même Tchad.

En même temps, dans le mouvement périphérique qui a présentement la vogue chez nous, M. Mizon signe un traité avec l'Adamaoua musulman, en remontant le Niger ; M. Maistre, un traité avec le Baghirmi musulman, en remontant le Congo et l'Oubangui ; M. Méry fait revivre le traité de Ghadamès avec les Touaregs Azdjers, en partant d'Ouargla, pour s'avancer vers le Sud jusqu'à la dernière étape (Bir Mengoub) du premier voyage de Flatters. Crampel, d'Uzès, Dybowski et Mizon, dans un second voyage actuel, marchent aussi vers le même but ; en un mot, toutes ces directions sont concentriques au lac Tchad, et prouvent, sans y avoir abouti encore, que ce fameux lac, ayant dans le Soudan l'importance de Malte dans la Méditerranée, est entouré de royaumes musulmans ; de plus, ces royaumes sont les seuls prospères et pouvant compter sur l'avenir.

Sous une forme encore plus concentrée, ces faits actuels veulent dire que la civilisation de l'Islam est la seule qui forme en peuple la race nègre vouée au fétichisme.

A côté de cette actualité, qui est le fruit de nos toutes récentes et belles explorations, il faut classer les renseignements merveilleux, et également actuels, que nous livrent tout-à-coup les documents dus au Père Ohrwalder et son traducteur, le major Wingate.

Egalement actuels sont les tressaillements des pachas musulmans d'Egypte, impatients du joug anglais ; ceux du Béloutchistan, inquiets des empiétements des Indes ; l'extension de notre empire du Sénégal, toujours vers le lac Tchad ; la concentration de ce merveilleux groupe musulman, dans le désert, au sud-est de Ben Ghazi, fondé par un génie inconnu, du nom de Snoussi, et actuellement toujours grossissant, sous la direction de son fils. Le Mahdi, en 1883, avait partagé son empire en cinq armées et le commandement de la cinquième était réservé au fils du Snoussi actuel, qui refusa, disant que son monde n'était pas encore assez formé à la discipline nouvelle.

Egalement actuel est le mouvement qui s'est produit en France et en Algérie, et d'où est sorti la Commission sénatoriale, dans le but évident de rapprocher les Français et les Musulmans, comme à l'époque de François 1er, Soliman, Charles-Quint et du pape Léon X.

Voilà les signes du temps. Il faut savoir profiter de l'heure. Rien n'est plus triste que de passer ses jours à rechercher et flétrir les fautes d'autrefois, en continuant à s'y jeter soi-même, dans le présent.

Le « connais-toi toi-même » de Socrate s'applique mieux encore aux Nations qu'aux individus. Pour se connaître, il ne suffit pas de se regarder dans la glace, il faut regarder par la fenêtre et voir les autres.

Ce préambule nous semble justifier une analyse des documents mentionnés en tête de cette étude ; elle servira à fixer une partie du vaste tableau dont nous venons d'indiquer le cadre. Mais, avant de quitter le tableau général, nous croyons devoir le compléter par un détail qui s'y rattache essentiellement, bien que le courant de nos idées le sépare absolument de la question africaine.

Pour bien mettre en lumière ce rattachement,

nous allons chercher le point de vue le plus simple pour embrasser d'un coup d'œil tout l'ensemble.

Cela s'exprime en deux mots : la France doit s'allier à l'Islamisme. Le continent européen, coupé en deux par cet empire du milieu qu'on appelle la Triple-Alliance, se referme par le teritoire musulman occupant tout le sud de la Méditerranée, avec la France et la Russie aux deux bouts.

Il sort de là qu'il nous faut la paix avec le Maroc et l'Espagne. La guerre avec le Maroc nous brouille avec les Musulmans et avec les Espagnols ; c'est pourquoi il faut repousser avec soin toutes les facilités que l'Angleterre nous donnerait de ce côté : *Timeo Danaos et dona ferentes.*

En cas de guerre, l'Espagne, notre alliée, aura assez de canons à placer le long de la baie d'Algésiras, pour rendre le port de Gibraltar intenable ; personne n'entrera donc dans la Méditerranée, de ce côté, sans notre permission, et les Baléares nous offriront, en cas de besoin, des ports d'abri et des magasins d'approvisionnement. Nous aurions ainsi la Méditerranée en commun avec la Russie, l'Egypte redeviendrait puissance indépendante, et la sortie par l'isthme de Suez serait entre nos mains, comme l'entrée par Gibraltar.

Dans le cas contraire, l'entrée de la Méditerranée serait ouverte à tous nos adversaires, par notre antagonisme avec l'Espagne, et sa sortie, par notre antagonisme avec le Musulman. En même temps, nos quatre millions d'Arabes seraient travaillés contre nous, et le passage des Baléares nous serait fermé par les flottes de la Triple-Alliance.

On voit l'importance d'une politique préventive éclairée, et les différences de point de départ qu'elle assure, sans qu'il en coûte un homme ni un sou.

Cela dit, nous retournons aux documents relatifs au Mahdi, parus tout récemment en anglais et dont nous allons traduire la préface.

Nous nous bornerons aujourd'hui à reproduire et analyser cette préface à notre point de vue politique. Dans des études postérieures, nous pourrons offrir au public des extraits du merveilleux ouvrage en deux volumes qui suit cette introduction, et dont les pages retracent, pour une période de dix ans, depuis sa formation jusqu'à l'heure actuelle, l'histoire d'un empire nègre plus grand que celui de Napoléon, en Europe, dont le chef actuel bat monnaie d'or et d'argent, émet du papier, habite une capitale de cent cinquante mille âmes, commande une armée de quatre-vingt mille hommes, exercés et munis du fusil Remington, possède des fabriques de poudres et de fulminate, et dirige, sur le Nil Blanc, une escadre de plusieurs bateaux à vapeur.

Cet empire, dans toutes ses proclamations, ne reconnaît, pour ennemis, que les Turcs et les Anglais, leurs alliés d'Egypte ; il a protégé les missionnaires chrétiens tombés entre ses mains, sans leur rendre la liberté, parce qu'il ne le pouvait qu'en les rendant à l'armée anglaise, qui en tirerait son profit par les renseignements rapportés par eux, comme le livre du major Wingate, que nous analysons, en est la preuve ; il a tressailli de joie, cet empire, à la vue du seul Français qui ait daigné, ou osé, s'y présenter malgré l'Angleterre, Olivier Pain, évadé de Nouméa, et de la surveillance anglaise à Dongola, frontière du Mahdi, où, malheureusement, notre compatriote dut laisser toutes ses lettres de recommandation et d'identité, ce qui, avec son absence totale de connaissance de la langue arabe, et l'intermédiaire d'interprètes qui, eux-mêmes, ne savaient pas le français, fit soupçonner qu'il pouvait être un espion anglais : le premier bruit de sa qualité de Français, d'après le Père Ohrwalder, qui était présent, avait mis tout le camp d'Obéid (capitale du Kordofan) en mouvement ; si ce bruit s'était confirmé par une seule pièce authentique, Olivier Pain serait devenu, sans doute, le bras droit du Mahdi, mais, découragé, il succomba rapidement à la dyssenterie.

A ce seul exemple, on reconnaît la sympathie, pour la France, qui règne dans toute cette région. Elle est constatée également dans la région des Grands Lacs, par le témoignage officiel des rapports anglais, au sujet de nos missions de l'Ouganda ; elle est rapportée par les camarades du jeune d'Uzès, des rives du Congo, où ils ont aussi trouvé l'influence arabe prépondérante dans tout l'Etat du Congo belge. Il y a là, évidemment, un immense cercle d'influence, dont notre Algérie est le centre et dont le rayon le plus court et le plus sûr est la route commerciale de nos alliés et amis, les Touaregs de l'Est, qui sont chez eux jusqu'au Tchad, et qui ont dit, par la bouche du chef de leur députation à Alger, il n'y a pas encore un an, à notre Gouverneur général actuel : « Nous n'avons pas d'Anglais chez nous », ce qui, en style de voie ferrée, équivaut à : « La voie est libre ».

Cela dit, nous analysons la Préface dont la traduction suit, au point de vue de l'intérêt de notre pays.

II

## PRÉFACE

Après la chute de Khartoum, en janvier 1885, on fit, de temps en temps, différents efforts pour la délivrance de quelques-uns des prisonniers européens tombés entre les mains du Mahdi, pendant les premières étapes de la révolte du Soudan.

Ces essais n'eurent, en général, que peu de succès. On trouve les causes de toutes ces tentatives vaines, et d'une seule heureuse, dans le récit personnel du Père Ohrwalder, dont nous publions la traduction.

Le Père Ohrwalder est le premier Européen qui se soit échappé du Soudan, depuis 1885. Pendant les quelques jours qui suivirent son arrivée au Caire, je fus esclusivement occupé à établir, au point de vue officiel, la situation du Soudan. Quand ce travail fut achevé, nous eûmes bien des conversations intéressantes, sur les événements historiques qui s'étaient produits depuis les dix dernières années, dans ces pays révoltés.

J'avais complété récemment (ouvrage cité dans le titre, publié chez Macmillan 1891) un résumé (sic) de ces événements, basé sur un grand nombre de rapports que m'avaient fournis les indigènes échappés de l'insurrection ; j'étais donc tout naturellement désireux de contrôler, par le témoignage d'un témoin indépendant comme le Père Ohrwalder, les renseignements ainsi obtenus, et dans ce but, je priai ce missionnaire de lire soigneusement mon ouvrage et de pointer ses erreurs. Avec une satisfaction très grande, je constatai que les faits

m'avaient été fidèlement rapportés, mais le flot subit
de lumière que je me trouvais en état de jeter tout
d'un coup sur beaucoup de passages obscurs, et le
grand intérèt qui s'attachait au récit d'un témoin
qui avait pris une part active à tant d'événements
devenus historiques, me décidèrent à lui donner
l'idée, pendant qu'il avait encore la mémoire fraîche
de tous ces événements, de fixer, dans une narration,
toutes les épreuves variées et terribles par lesquelles
il avait passé, et que le public ne connaissait encore
que par une esquisse.

Il faut se souvenir que les circonstances dans
lesquelles le Père Ohrwalder vivait au Soudan,
l'empêchaient d'écrire un journal de sa vie ; il m'in-
vita donc à réviser son manuscrit fait de mémoire,
lequel fut d'abord écrit en allemand et traduit en
anglais vulgaire, par Youssef Effendi Coudzi, origi-
naire de Syrie ; j'ai reécrit entièrement ce dernier
travail, en le mettant sous la forme narrative. Le
présent ouvrage n'est donc pas une traduction litté-
rale du manuscrit original, mais plutôt une version
anglaise, dans laquelle j'ai tenté de reproduire fidèlement la pensée du Père Ohrwalder, sous forme d'un
simple récit.

L'Angleterre et le public britannique, en général,
ont témoigné un si grand intérêt vis-à-vis des événements saisissants dont le Soudan vient d'être le
théâtre, et dans lequel ont succombé plus d'un
galant officier ou soldat anglais, que le Père Ohrwalder a voulu faire paraître d'abord en Angleterre le
récit de ses épreuves ; c'est pour lui un tribut
modeste, offert à la nation qui a bravement et presque
effectivement combattu pour la délivrance de Khartoum et le salut de tant d'infortunés Européens qui,
comme lui, étaient tombés entre les mains d'un
ennemi cruel et sans merci.

Il semble presque incroyable que les souffrances
endurées par ces captifs d'Europe n'aient pas, depuis

longtemps, réalisé leur délivrance par un trépas qu'ils souhaitaient si ardemment. La porte du salut terrestre, qu'ils croyaient fermée pour toujours, s'ouvrit tout d'un coup, et ils bravèrent les dangers d'un terrible voyage à travers le désert, avec un faible approvisionnement de vivres et d'eau, et la certitude qu'ils fuyaient pour la vie sauve seulement ; s'ils étaient repris, c'était : ou une mort immédiate, ou une incarcération perpétuelle, accompagnée d'horreurs dont la plume se refuse à donner la description. Et pourtant, le Père Ohrwalder attend avec impatience le moment où il lui sera possible de retourner au Soudan, pour y continuer l'œuvre de sa mission si soudainement et si cruellement interrompue depuis 1882.

F. R. WINGATE.

Caire, 30 juillet 1892.

## III

Cette préface est très suggestive et mérite d'être analysée par paragraphes.

C'est une œuvre personnelle, toute anglaise, toute politique ; c'est la pensée d'une individualité chargée d'un travail tout spécial, savoir : la concentration au Caire de tous les renseignements relatifs au grand mouvement du Mahdiisme et à tout ce qui s'y rattache, dans la sphère des intérêts britanniques.

Dans notre modeste sphère, et à défaut de renseignements qu'auraient pu nous fournir, dans cette grave période de dix ans, les agents de notre Gouvernement à l'étranger, nous allons tâcher de lire entre les lignes, pour la politique de notre pays.

Le premier paragraphe de la préface du major

Wingate dit que depuis la chute de Kartoum, en
janvier 1885, différents efforts ont été faits par le
Gouvernement anglais, pour la délivrance des prisonniers européens tombés entre les mains du Mahdi.

Nous désirerions bien pouvoir parler d'efforts
analogues tentés par notre pays. Nous avons encore
de grands intérêts en Egypte, et une grande influence
sur les pachas ; nous avons l'administration du
canal de Suez, par lequel passe tout le commerce
maritime de l'Asie avec l'Europe, nous avons encore,
au détroit de Bab-el-Mandeb, à la sortie de la mer
Rouge, en face de Moka et d'Aden, un port de
mer sur la côte Abyssinienne, nommé Obock. Tous
ces intérêts sont touchés par le Mahdiisme et doivent
nous mettre en relation avec lui.

Nous serions heureux de savoir comment notre
pays s'est servi de ces circonstances, pour aider, de
son côté, à la mise en liberté des prisonniers
européens. Cela nous paraît d'autant plus indiqué,
que les missionnaires du Kordofan, arrêtés par les
troupes du Mahdi, appartenaient à la religion
catholique, comme nos Pères de Bagamoyo et ceux
de l'Ouganda. La lecture des deux volumes de :
*Dix ans de captivité dans le camp du Mahdi,* nous
fait penser que ces démarches auraient été couron-
nées de succès, par sympathie pour la France.

Les second et troisième paragraphes de la préface
nous font voir que ces sympathies n'étaient pas
acquises à l'Angleterre. Il y est dit que le Père
Ohrwalder est le premier européen qui se soit
échappé du Soudan, depuis 1885.

Avant cette époque, s'était également échappé le
Père Bonomi, religieux de la même mission. Mais,
notons ici que, d'après les déclarations formelles
du Père Orhwalder, auteur du manuscrit : *Dix ans
de captivité,* sa délivrance personnelle, avec deux
religieuses, comme celle du Père Bonomi, ont été
dues à l'entremise et au dévouement de leur arche-

vêque au Caire, le Père Sogaro, et non à l'entremise
anglaise.

Le troisième paragraphe que nous analysons
prouve, par contre, que le major Wingate n'a pas
perdu une minute à profiter de cette évasion, en
interrogeant le Père Ohrwalder, dès son arrivée au
Caire, pour en tirer des renseignements politiques.

Nous nous demandons si nos représentants diplomatiques en ont fait autant. Dans ce cas, il nous
semble qu'on pourrait nous en dire quelque chose,
car le public français a autant droit et intérêt à être
informé sur ces graves événements et cette grande
question de l'Islam, que le public anglais.

Les mémoires du Père Ohrwalder, mis sous forme
de récit par le major Wingate, montrent qu'il y a,
depuis dix ans, dans l'empire du Mahdi, des individus appartenant à presque toutes les populations
de l'Europe, de l'Asie et de l'Afrique. Notre seul
représentant a été Olivier Pain.

Le quatrième paragraphe de la préface nous
apprend, en plus, que ce n'est pas la première fois
que le représentant des renseignements politiques de
l'Angleterre, en Egypte, entretient ses concitoyens du
résultat de ses travaux. Il avait déjà publié à Londres,
en 1891, un ouvrage écrit au Caire, sous le titre :
*Mahdiisme et Soudan Egyptien.* L'arrivée du père
Ohrwalder lui fit écrire, dès l'année suivante, l'ouvrage en deux volumes intitulé : « *Dix ans de captivité,* etc. ». On voit que le public est servi chaud, en
Angleterre. Nous voudrions voir cette méthode adop-
tée chez nous.

Le même paragraphe justifie la nouvelle publica-
tion par des considérations très sages sur l'importance du sujet. Cette importance est au moins aussi
grande pour nous. Car, si les Anglais ont à garder,
en Egypte, le passage de leur commerce avec les
Indes, nous avons à garder, en Algérie et en Tunisie,
quatre millions de musulmans qui, certainement,

s'entretiennent entre eux de ces grands mouvements intimement liés à notre perte ou à notre salut, quoique nous semblions vouloir les ignorer. Car, ce qui est bien connu sous le nom mystérieux pour nous de Question d'Orient, et qui a fait sombrer successivement dans notre histoire moderne les quatre dernières dynasties (Napoléon 1er sur la question de l'Égypte et de Malte, qu'il n'a jamais voulu laisser aux Anglais, ce qui l'a empêché de faire la paix avec eux ; Charles X pour la prise d'Alger, malgré l'Angleterre ; Louis-Philippe. pour l'abandon de Méhémet-Ali ; Napoléon III, pour la guerre de Crimée, au bénéfice de l'Angleterre) n'est aujourd'hui que le mouvement de l'Islam, depuis l'Égypte jusqu'au Tchad.

Nous avons, dans l'état actuel de la question, comme piège tendu, la guerre avec le Maroc ; comme ligne de conduite générale, l'alliance avec l'Islamisme arabe et nègre, opposée aux Turcs et aux Anglais ; comme embarras, la zône des Chaâmbas ; comme appui solide, la population du Souf ; comme port de mer saharien, Ouargla ; comme navigateurs fidèles à travers la mer saharienne, jusqu'au Tchad, les Touaregs de l'Est ; comme monnaie d'échange inépuisable, la mine de sel de Bilma ; comme alliés, le Bornou, l'Adamaoua, le Baghirmi, l'empire du Mahdi, jusqu'à la mer Rouge. dont l'influence couvre le Congo Belge ; comme port de mer communiquant avec le Mahdi, Obock ; comme contingent futur immédiat, les pachas d'Egypte ; comme expansion infaillible, en Asie, l'Islamisme de l'Arabie, de l'Asie Mineure, de la Mésopotamie, du Béloutchistan, etc. ; comme guide et surveillant de ce mouvement, nos merveilleuses missions de l'Asie Mineure, du golfe Persique, et, plus loin, celles du Thibet, descendant jusqu'aux sources du Mékong, que le Siam ne nous conteste plus ; pour adversaire invétéré, l'Angleterre qui voit la grandeur et l'imminence du péril, comme

le prouve la fusillade impitoyable de nos Pères
Blancs, si aimés à l'Ouganda, si compris des populations, et auxquels les rapports de l'expert anglais,
M. Portal, et autres, rendent aujourd'hui un hommage si éclatant, après les avoir expulsés. C'est
qu'ils n'étaient qu'à deux ou trois journées de marche de Ouadelaï, où Emin-Pacha arrêtait à peine la
marche en avant des Madhistes, et qu'il fallait à
tout prix empêcher ceux-ci de se trouver en contact
avec des Français. Olivier Pain avait servi d'aver-
tissement assez sérieux, à ce point que sa famille
est persuadée que les agents anglais l'ont fait disparaître avant d'arriver à Khartoum. Dès que Emin-
Pacha eut été emmené de force par Stanley, le passage était libre, et, par conséquent, aussi rapidement
que possible, les Pères Blancs devaient disparaître
par tous les moyens, quels qu'ils soient.

Le cinquième paragraphe explique dans quelles
conditions le major anglais a aidé le Père Ohrwalder
à recueillir les souvenirs d'une odyssée pendant
laquelle il ne lui était pas loisible de consigner ses
impressions par écrit, c'est de mémoire qu'il a établi
son manuscrit, en langue allemande. Un Syrien,
habitant du Caire, l'a traduit en anglais vulgaire et,
avec ces matériaux, le major a fait les deux volumes
de son ouvrage ; voilà qui est bien la caractéristique
de l'activité anglaise, qui sait tirer parti de tout et
de tous.

Le sixième paragraphe fait ressortir, avec un
orgueil légitime, le sacrifice de tant de braves
officiers et soldats anglais, fait pour devancer notre
politique dans le Soudan et nous le fermer. Par le
Niger qu'elle remonte presque jusqu'aux sources du
Bénué, l'Angleterre fait pénétrer les produits de son
commerce ; par le Nil, qu'elle remonte, aussi, jusqu'au
parallèle du Tchad et au-delà, elle verse des flots
de sang anglais.

C'est bien là une nation qui se montre à la hauteur

de son ambition et, s'il en faut croire absolument la préface, le Père Ohrwalder a voulu rendre hommage à ces hautes qualités, en se décidant à faire paraître d'abord en Angleterre, le récit de ses épreuves.

Que n'avons-nous mérité une pareille dédicace, je suis persuadé que nous aurions eu facilement la préférence. Mais il fallait au moins un tout petit motif, pour la justifier. Où le trouver, dans ce long désordre de choses commencées et abandonnées, ce décousu d'entreprises, cette absence de suite et de but qui font de notre politique extérieure, en général, et celle d'Orient, en particulier, une toile de Pénélope, sorte de reflet de nos agitations intérieures, comment peut-elle s'adapter à des choses extérieures qui ne changent pas comme nous ? Nous passons, les autres demeurent.

A laquelle de ces politiques éphémères le Père Ohrwalder aurait-il pu consacrer l'histoire de *dix ans de captivité*, pour une foi immuable ?

Le grand Bossuet a intitulé un de ses plus célèbres ouvrages : *Histoire des Variations*. Ce titre seul est une condamnation. Tous les systèmes peuvent se soutenir, excepté l'inconséquence. Ce qui est seulement oscillation chez nous, se traduit, à l'extérieur, par des ruines. Et il ne faut pas imaginer qu'il suffirait d'avoir un ministère des affaires étrangères inamovible, pour combattre ce mal ; ce serait aussi puéril que de dire à un malade : ne souffrez pas. C'est en nous-mêmes, qu'il faut descendre, et reconnaître le désordre où nous nous sommes laissés glisser peu à peu ; nous sommes devenus l'incarnation de ce principe d'un journaliste célèbre : une idée par jour. C'est l'opposé de la pensée d'un des plus grands Pères de l'Eglise : *Timeo virum unius libri* (je crains l'homme d'un seul livre.)

En effet, quelle ressemblance peut-il y avoir entre ces professions de foi multicolores qui tapissent éphémèrement les murs de nos villes, pour tomber

au bout de deux semaines, sous le pinceau de la
propreté publique, dans l'égout, et la Bible, le Coran,
l'Evangile, qui sont, en dépit des chaires modernes
de l'histoire, encore aujourd'hui comme dans le
passé, les guides des nations et de la civilisation ?
Le père Ohrwalder est un de ces civilisés. Il n'a pu
dédier ses mémoires à une nation, si grande qu'elle
soit encore, qui a émancipé l'Egypte, pour l'aban-
donner, percé l'ithsme de Suez, pour le donner à
une autre puissance, occupé Obock sur la mer Rouge,
pour rester indifférente au mouvement du Mahdiisme où l'Abyssinie elle-même se trouve engagée,
qui a eu les plus belles missions européennes dans
le Soudan central, à Bagamoyo, à l'Ouganda, et qui
abandonne Bagamoyo au drapeau allemand, l'Ouganda
à la fusillade anglaise, à une nation qui, seule de
l'Europe, possédant un territoire de quatre millions
d'Arabes, en vue des côtes de la France, n'a pas
publié une seule ligne officielle sur l'immense
mouvement de l'islamisme dans le Soudan, dans le
pays des nègres, a renié et abandonné ses fidèles
alliés Touaregs de l'Est, qui veulent nous mener par
leur territoire où nous ne rencontrerons d'européens
que des Français, sur les rives du légendaire lac
Tchad ; enfin, qui n'a pu encore se mettre d'accord
pour autoriser une compagnie patriote, ne demandant
que deux cent mille francs de garantie, en fait de
secours pécuniaire, à pousser une voie ferrée
jusqu'à Ouargla, dans un parcours de deux cents
kilomètres, sur notre territoire algérien, seul moyen
de nous mettre en contact direct avec ces Touaregs
qui nous attendent, n'ayant plus, devant la politique
britannique, d'autre avenir que le nôtre.

Ainsi, c'est peu d'ignorer absolument tout ce qui
nous intéresse dans le Soudan et dans l'Islam, il faut
encore traiter d'ennemis nos fidèles alliés Touaregs,
et nous faire des ennemis d'une population arabe de
quatre millions d'individus, population fière, intel-

ligente, représentant la seconde civilisation du monde, dont notre esprit superficiel, qui s'ignore lui-même, traite de fanatisme la lutte pour la vie, et qui, pour nous rendre à nous-mêmes, à l'heure présente, nous est plus nécessaire que Soliman ne l'a été à François I<sup>er</sup>.

On comprend que la bonne volonté du Père Ohrwalder soit restée paralysée, devant cette ataxie politique. Certes, il est plein d'admiration pour le cœur de la France, mais il ne peut rien dédier à cet esprit qui semble ne se complaire qu'entre d'anciennes institutions croulantes et des innovations chancelantes.

Il est urgent d'avoir à mettre, à l'extérieur, quelque chose en parallèle avec le traditionnel cabinet de Saint-James, le formidable testament de Pierre-le-Grand, l'œuvre vivace du Grand-Frédéric, qui a fait du génie de la guerre l'industrie de son pays natal, la très subtile politique italienne, que le génie de Cavour a incorporée dans une seule et même nation ; enfin, la patiente tradition autrichienne, que l'hanovrien M. de Beust a tirée d'un labyrinthe de difficultés, pour la conduire vers de nouvelles et grandes destinées.

Notre fil conducteur est celui qui nous mènera d'Algérie au Soudan, alliés de l'Islamisme, en se rattachant à toute la côte sud de la Méditerranée, par l'alliance avec l'Espagne : *Caveant consules.*

Ce sixième paragraphe dit en terminant que beaucoup de malheureux européens étaient tombés, comme le missionnaire, entre les mains d'un ennemi cruel et sans merci. Il nous importe, pour notre politique, de faire ici une distinction que ne fait pas le major, mais qui résulte de la lecture du livre *Dix ans de captivité*, etc. C'est que pour les derviches et leur chef, le Mahdi, l'ennemi, c'était le Turc, et l'Anglais protecteur du Turc. Toutes les proclamations le prouvent. De ceux-là, ils n'atten-

daient aucune merci, et ils les payaient de retour,
mais là s'arrêtaient leurs proscriptions. Ce qui le
prouve, c'est que les missionnaires furent épargnés,
puis qu'ils purent habiter pendant dix ans un empire
où le climat leur était déjà aussi étranger que le
reste ; ce qui le prouve encore, c'est que le commerce
continua à Khartoum, où le souverain nègre émet
encore aujourd'hui la monnaie d'or, d'argent, et du
papier. Ce qui le prouve, enfin, de la manière la plus sai-
sissante, en ce qui nous concerne, c'est que le dernier
de notre société, un évadé de Nouméa, Olivier Pain,
n'a eu qu'à se présenter chez eux, pour être le premier
de tous les Européens.

S'il est impossible de nier les souffrances endurées
par les missionnaires des deux sexes, pris dans ce terrible mouvement, entre la résistance musulmane et
l'oppression anglaise, comme dans un étau, si nous
ne pouvons pas rendre un assez grand hommage à
cette lutte entre deux croyances, où la chrétienne,
opprimée par les circonstances, est triomphante par
la ténacité, il faut constater, dans une lutte d'antagonisme de dix ans, une certaine admiration et presque
un penchant de l'islamisme nègre vers le Christia-
nisme catholique, comme il résulte de plusieurs passages du livre ; il faut encore admirer sans réserve le
dévouement plein de sagacité dont a fait preuve
Ahmed Hassan, l'arabe qui organisa et réalisa la
délivrance du missionnaire et des deux religieuses
prisonnières avec lui.

Nous ne pouvons même résister à l'envie de noter,
à l'occasion de cette fuite, un des obstacles les plus
sérieux et les plus inattendus qu'elle rencontra. Il
servira à montrer combien on est loin de la vérité,
lorsqu'on croit pouvoir apprécier les grands événements en question, avec les notions vulgairement
admises de fanatisme arabe et d'émancipation des
nègres, leurs victimes, par notre civilisation européenne.

La plus grande difficulté de leur fuite fut rencontrée par le Père Ohrwalder et les deux religieuses, lorsqu'ils durent traverser le cordon établi par le Madhi, sur la limite nord du désert de Nubie, pour empêcher *l'importation des nègres du Soudan, dans l'Egypte anglaise*. Ahmed Hassan déploya la plus fine stratégie et le plus éclatant mépris de sa vie, pour leur faire traverser cet obstacle.

Nous pensons avoir ainsi fidèlement paraphrasé la préface du major Wingate, et utilement pour notre pays.

Il nous reste à continuer ce travail, par l'analyse du livre racontant l'odyssée du Père Ohrwalder, en y joignant autant de citations que possible, sans pouvoir en donner la traduction complète, comme nous l'avons fait pour la préface.

Mais, puisque nous comptons tirer parti, à notre profit, de l'ouvrage tel qu'il est dû au travail du major Wingate, l'équité nous oblige à faire ici une déclaration bien nette.

Nous admettons que chaque nation livre sa bataille pour l'existence. Comme l'a dit un de nos auteurs dramatiques :

> Et de l'insecte à l'homme, tout fait assez connaître
> Que le soin de soi-même est l'instinct de chaque être.

Nous admirons personnellement l'entrain, l'énergie, l'habileté, le patriotisme avec lequel la grande nation britannique livre sa bataille. Notre plus grande ambition est de suivre son exemple, pour la défense des intérêts de notre pays. Toutes les attaques auxquelles nous pourrons nous livrer contre elle, seront inspirées par ce sentiment. Notre admiration pour l'Angleterre est si grande, qu'elle ne laisse pas la moindre place pour la haine.

Toutefois, cette admiration n'oblige pas à une approbation absolue. Dans notre humble opinion, nous nous permettrons une critique qui nous semble

utile pour l'instruction de notre pays. Dans son
œuvre universelle, immense, qui a fait de la langue
anglaise la plus répandue du globe, l'Angleterre base
ses relations internationales sur des relations
d'échange où elle se signale par la régularité, l'activité, la loyauté. Elle gagne et fait gagner ; elle donne
et reçoit ; ses bénéfices sont un stimulant pour un
surcroît d'activité ; d'ailleurs, la correction des
mœurs et de la tenue de ses représentants, le sentiment de la patrie qui ne s'efface jamais dans leur
cœur, quelle que soit la durée de leur absence, la
masse toujours renouvelée de renseignements qui
affluent à la métropole, et qui s'en déversent, sans
perte d'une minute, jusqu'aux extrémités de la terre
où réside un employé anglais, fournissent à l'histoire une matière inconnue jusqu'alors dans ses
annales, et à toutes les intelligences, le tableau
d'une force et d'une grandeur qui excitent l'émula-
tion. Mais, ce civilisateur est comme le phénix,
partout il garde son individualité et imprime autour
de lui son cachet, mais il ne se propage pas ; en un
mot, il n'y a d'Anglais, dans le monde, que ceux qui
viennent de l'Ile Britannique.

En allant plus au fond de notre observation, il
nous semble reconnaître que le défaut vient de ceci :
l'Anglais propage le bien-être matériel ; il écoule
aussi, dans des heures de loisir, des principes de
morale, ou, plutôt, il lui semble payer sa dette à ce
côté de la civilisation, par l'exemple correct dont il
est le type, et par des exemplaires de la Bible, dont
il est le lecteur et le commentateur à sa guise. Si
haut qu'il ait porté ce titre de colonisation, si utile
qu'il soit, pour un pays intelligent, d'en imiter certains
côtés, il n'est pas douteux, pour nous, que notre
génie soit différent de celui dont nous venons de
tracer l'esquisse.

Nous ne sommes pas Saxons, nous sommes Gallo-
Romains, et, comme Sénèque le disait de ses

concitoyens, on peut le dire des nôtres : « Partout où le peuple romain est vainqueur, il habite. » C'est-à dire, il vit au milieu des populations et se les assimile.

Cette différence n'a nulle part un caractère plus marqué que dans les pays où notre civilisation européenne a été précédée par celle de l'Islam. On peut affirmer hardiment, et c'est là le but de la présente critique, que la France est appelée à être l'éducatrice et la remplaçante de l'Islam. C'est là le point culminant de notre politique actuelle, d'où doivent découler toutes nos idées, toutes nos inspirations.

« Les Français sont les vrais musulmans », dit la proclamation du général Bonaparte, à son débarquement à Alexandrie en 1798. Avec cette clef, s'ouvrent toutes les portes de la vaste question d'Orient.

La proclamation que nous citons commençait ainsi :

« Coptes, musulmans, frères, les Mamelucks
» vous ruinent et vous déshonorent. Est-il un beau
» champ, ils l'exploitent ; est-il une belle maison, ils
» l'habitent ; est-il une belle femme, elle leur appar-
» tient. Est-ce que Dieu leur a donné votre pays à
» bail ? Qu'ils montrent leur mandat. Le nôtre est
» inscrit dans nos drapeaux. »

Certes, nous ne voulons pas assimiler les Anglais aux Mamelucks ; mais, néanmoins, le résultat de leur contact avec les pays d'Islam, depuis le Mozambique et le Zanzibar, jusqu'au Cachemire, en passant par la mer Rouge, l'Egypte, Aden, Mascate, tout le golfe Persique, la Perse méridionale, le Béloutchistan et l'Afghanistan, a produit à peu près le même résultat sur les populations, grâce à l'esprit de spéculation et de banque, dont la suprématie doit être mortelle pour la France, et même délétère, pour l'Angleterre.

Si nous osions tenter de résumer en deux termes

tout le malaise qui atteint le cœur même de nos
civilisations modernes, c'est une trop grande hosti-
lité pour l'Islamisme et une trop grande attraction
vers le judaïsme, qui sont, fait étrange, deux formes
de développement d'une même race : celle de l'Arabie.
Réduite à ce dilemme, la question ne doit pas être
douteuse pour nous : notre penchant naturel est vers
l'Islamisme ; les Français sont les vrais musulmans,
voilà la formule proclamée par l'homme qui a mené
le peuple français à ses plus grandes victoires. Par
contre, nous ne pouvons pas nous empêcher de nous
souvenir ici d'une parole à nous adressée par Si
Hamza, Califat des Ouled Sidi Cheikh, un grand
génie, lui aussi, quand un jour nous lui lisions la
proclamation du général Bonaparte, en lui faisant
remarquer qu'elle était bien conçue dans le génie
arabe : « Cela n'est pas étonnant, nous dit-il, les
Corses sont de sang arabe. »

Telle était bien la pensée de cette expédition
d'Egypte, qui devait mener aux Indes, à travers les
territoires musulmans qui nous attendent encore
(voir le récit de nos voyageurs et spécialement tout
le livre de M. de Rivoyre, intitulé : *Obock, Mascate,
Bouchire, Bassorah*. — Plon, 1893).

Dans tous ces pays musulmans, où les princes
sympathisent avec notre drapeau, désirent notre
alliance, l'Angleterre, en résumé, s'est présentée avec
l'esprit sémitique, sous forme d'une immense
banque offrant aux souverains, toujours avides
d'argent, des emprunts par émission de papiers avec
la garantie de toutes les terres et de tous les habitants soumis à l'omnipotence musulmane, livrés en
gage.

Cette immense hypothèque des choses et des
hommes enseigne à ces souverains, peu initiés à de
pareils pièges, le moyen de battre monnaie avec
toutes les richesses du sol et toutes les forces des
habitants, et l'on arrive à ce spectacle de voir, dans

les capitales de pareils Etats, un luxe désordonné de tous les produits de l'industrie moderne, et dans les champs, les malheureux producteurs vivant de grains à peine convertis en farine, vêtus de haillons, habitant pêle-mêle avec leurs bêtes, soumis à la visite incessante des agents sans pitié de la commission de surveillance, siégeant à la capitale, et représentant les actionnaires de l'emprunt, en un mot, formant le tableau d'une traite de blancs réduits à un état de misère que n'ont pas connu les noirs, sous le régime des anciens chefs arabes des mêmes pays. L'immense dépréciation de la propriété foncière, qui se manifeste peu à peu sous cette transformation croissante de toutes les richesses et toutes les forces mobilières, en papier au porteur, se négociant dans le jeu toujours plus grand des Bourses européennes, produit sur les nations islamiques des effets prompts comme la foudre.

Dans ce système de crédit public, aucune misère n'entre, un seul instant, en ligne de compte, lorsqu'il s'agit de payer le coupon de l'emprunt. Au bout du monde, sur une terre qu'il cultive de père en fils, ou au milieu de pâturages habitués depuis des siècles à paître des troupeaux héréditaires, le malheureux autochtone est frappé et dépouillé sans pitié, sans appel, au nom de notre civilisation, parce que son souverain s'est laissé tenter à souscrire un impôt dont l'actionnaire, qui fume son cigare sur les boulevards de nos capitales, doit, avant tout, toucher le dividende, et dont la cote doit être, avant tout, maintenue à la Bourse.

Pendant l'expédition de Tunisie, qui a amené le protectorat français, nous avons eu constamment sous les yeux un résultat saisissant de cet état des choses. Des individus, portant l'uniforme d'officiers du Bey, escortés d'un petit nombre de cavaliers, marchaient à hauteur de nos têtes de colonnes, s'arrêtant en dehors de la ligne de combat, lorsqu'il y avait rencontre, ne saluant aucun de nos officiers, mais s'informant exactement des sommes d'argent qui pouvaient tomber entre les mains de nos soldats, et des impôts de guerre, dont nous frappions les tribus hostiles, à mesure qu'elles déposaient les armes. Ainsi les corbeaux suivent les troupes pour trouver leur pâture le soir d'une bataille !

Ces officiers (par l'uniforme seulement) étaient des agents de la commission de l'emprunt tunisien, venant contrôler, en vertu des conditions du contrat passé avec le Bey, tous les fonds sortant des mains du malheureux cultivateur ou pasteur, en un mot, du paysan autochtone, pour s'assurer que le dividende serait payé. Ils avaient la prétention de prélever la moitié du versement fait dans les caisses du trésorier-payeur de l'armée française, d'après les termes de leur contrat avec le Bey, pour toute la fortune liquide de la Tunisie, et voulaient nous imposer leur cours des monnaies tunisiennes, pour le taux de conversion en monnaie française qui, seule, pouvait être mentionnée dans les ordres de contribution de guerre. Il est bien entendu que nous ne tînmes aucun compte de ces prétentions, mais les agents de la Commission ne cessèrent de nous obséder de leurs exigences présentées sous forme comminatoire, sans que nous puissions leur faire même infliger un blâme ; spectacle bien démoralisant pour nos soldats, car ils mettaient ainsi officiellement les intérêts d'une banque au-dessus de notre drapeau. On peut s'imaginer ce que l'indigène sans défense doit avoir à souffrir de pareils contrôleurs ; c'est vraiment la traite des blancs.

Voilà la vraie lumière, sous laquelle on peut voir que tout l'empire de l'Islàm est prêt à s'allier à la France, à laquelle il reconnaît un génie naturel absolument opposé. Puisse cette réflexion frapper nos esprits et nous déterminer à donner immédiatement à nos Arabes d'Algérie une autonomie qui leur a été réfusée par l'influence, très néfaste pour nous, de l'exemple anglais. Par cette porte, nous aurons l'entrée dans toute l'Afrique et toute l'Asie, et notre main rencontrera celle de la Russie, notre alliée naturelle. N'attendons point que nos errements actuels aient fait de l'Algérie arabe une nouvelle Irlande. Il nous faudrait alors leur accorder, sans profit, un *home rule*, comme l'Angleterre y est contrainte aujourd'hui pour l'île sœur.

Nous ne pouvons trop le répeter, la question est là devant nous, vivante, urgente, menaçante, comme le sphynx de l'Egypte. Etre ou ne pas être. Le percement de l'isthme de Suez, par notre industrie, lui a donné un puissant degré d'actualité et d'acuité. De Zanzibar, jusqu'aux bouches de l'Indus, la rive continue appartenant à l'Islam est en relation directe avec la Méditerranée et ses Etats Barbaresques. Quelle différence avec l'époque où il fallait faire le tour par le cap de Bonne-Espérance ! Il faut se rappeler que Mascate dépendait naguère de Zanzibar, comme jadis Zanzibar, de Mascate.

Là, partout, le Turc est abhorré. Il suffit de citer ce que M. de Rivoyre écrit sur sa visite à Bassorah, au fond du golfe Persïque, à la fin de 1880 (Obock, ouvrage déjà cité, page 188) « le Bédouin qui vient y chercher l'étoffe de ses vêtements, fièrement drapé dans son burnous grossier, regarde les Turcs avec haine, les Européens avec curiosité.... Notre arrivée à Bassorah n'a pas été sans retentissement, jusqu'au fond de leur solitude — « que veulent ces Français, » demandent-ils, viennent-ils enfin nous délivrer » des Turcs ? »

C'est le Turc qui a été maintenu par le canon anglais contre Beyrouth, en 1840, pour chasser Méhémet-Ali, notre allié. C'est pourtant lui qui représentait la civilisation, le progrès de l'Islam. Sa chute a été un recul dans la barbarie turque. Lorsque nous voulûmes ouvrir l'isthme de Suez, l'Angleterre, par la bouche de Palmerston, s'y opposa, prévoyant la chute de ces mêmes Turcs et la délivrance de l'Arabe se réclamant de notre appui. Quand il ne put triompher de notre ténacité, pour cette entreprise, il prit, et son pays avec lui, toutes les mesures détournées, pour amortir le coup. Son pays a mené à bien cette longue, difficile et secrète entreprise ; il y a réussi au-delà de tout ce qu'il pouvait espérer, sans cesser d'avoir notre amitié, et sans que nous paraissions encore, à l'heure actuelle, comprendre tout le chemin qu'il a fait pour nous circonvenir. Ils ont imaginé le *consortium*, en vertu duquel nous gouvernions l'Egypte à nous deux, avec l'Angleterre, et nous avions la main sur toutes ses finances ; puis, ils ont acheté la moitié des actions de l'isthme ; puis, ils ont fait retirer notre flotte devant Alexandrie, et sont restés seuls maîtres de l'Egypte ; puis ils ont, à l'aide des armes égyptiennes, continué l'œuvre d'extension du grand Méhémet-Ali, dans le Soudan Oriental ; ils ont organisé en pachaliks le Darfour, le Kordofan, le Nil des Gazelles, vers les grands Lacs, où ils voyaient d'un œil jaloux nos modestes missions se répandre des côtes de Zanzibar jusqu'à l'Ouganda, en vertu de notre position de protectorat au Zanzibar, protectorat gêné, mais pas détruit par le traité de 1862, qu'ils nous avaient réclamé pour leur coopération au Mexique ; puis, ils ont cherché à faire planter le pavillon égyptien à Obock, que nous avions acheté très régulièrement à la même date remarquable de 1862. Heureusement que l'isthme de Suez a servi à un de nos bateaux de commerce, pour constater la tentative et réclamer contre elle à notre Gouvernement.

Mais, comme on le voit par ce dernier exemple, toute cette immense côte mahométane restait ouverte à notre contact, grâce à l'ithsme de Suez, quoique nous ayions abandonné l'Egypte. Mer Rouge, mer d'Oman, golfe Persique, partout, le contact se produisait. Le

Zanzibar était quasiment à nous ; nos missions remontant vers le Nord, touchaient au Kordofan ; notre Sénégal, nos côtes du sud de l'Algérie étaient aussi un vaste contact. L'Angleterre avait beaucoup fait pour nous séparer de l'Islam, mais il lui restait encore autant à faire. Et les moyens lui manquaient. Où trouver, en effet, une ruse comme celle de la question financière égyptienne, qui avait réussi à nous dégoûter de la terre des Pharaons, et à nous désintéresser de notre isthme de Suez ? Elle chercha, et, avec le temps, elle trouva.

Il lui fallait attendre la mort du roi Guillaume, premier empereur allemand ; celui-ci n'aurait jamais voulu se prêter à un tel avantage de l'Angleterre, au détriment de la France ; son premier ministre, le prince de Bismarck non plus, ni son fils aîné, l'empereur Frédéric. Mais ces deux empereurs moururent et l'Angleterre reprit son jeu. Le chancelier de l'empire fut congédié et, par une violation flagrante des traités avec nous, le Zanzibar fut donné un beau jour à l'Allemagne, par l'Angleterre. Ni l'un ni l'autre n'y avaient droit. Le Zanzibar et tout son terrain d'arrière, à partir de la côte, ne relevait que de nous ; néanmoins, nous dûmes accepter ce coup porté au commencement de 1890, et le 5 août de la même année, notre Quai-d'Orsay renonçait, en plus, à tout le Soudan central, en faveur des Anglais. Un an après, nos missionnaires étaient fusillés à l'Ouganda. Un seul homme osa relever nos intérêts, le Mahdi ; un seul Français se présenta à lui, Olivier Pain. Dans la situation actuelle, c'est à nous de connaître nos affaires et de choisir nos alliés.

Espérons que ce tableau saisissant, quoique bien mal tracé, avec nos faibles forces, ouvrira les yeux de nos concitoyens, sur l'inanité de nos querelles intestines et le danger des intérêts purement personnels. Au lieu de nous disputer sur ces petites choses, mettons-nous tous d'accord sur cette grande.

Elle est tellement indiquée par les événements actuels, qu'elle semble avoir été conspirée par eux.

Le succès garantira assez de puissance, pour mettre une grande nation au-dessus de tous les hasards, et assez de richesse, pour mettre sa population à l'abri de tous les besoins.

L'alliance russe, enfin comprise par nous, et dont la main nous est tendue dans l'Asie, nous donne espoir que la France est au moment d'ouvrir les yeux. Comprenons de même l'alliance des Touaregs de l'Est, du successeur du Mahdi, de l'Espagne, et nous reprendrons d'emblée notre rang à la tête des nations, sans qu'il nous en coûte un homme ni un sou.

# IV

Pour permettre au lecteur de bien saisir toute l'importance de l'alliance franco-islamique, nous avons dressé une carte qu'on trouvera à la fin de cette étude, avec points de repère numérotés.

Sur chacun de ces points, nous avons pensé qu'il était utile de donner les détails ci-après :

1. **Bordeaux**, qui deviendra l'entrée de la Méditerranée par le canal des deux mers.
2. **Port-Vendres**, port méditerranéen du canal des deux mers. Par ce tracé du canal, la navigation évite le golfe de Gascogne et celui du Lion.
3. **Gibraltar**, port militaire intenable, si on le canonne des bords de la baie d'Algéziras. D'ailleurs, le détroit de ce nom perd son importance militaire, par la construction du canal.
4. **Baléares**. Les ports de Mahon, Palma et autres constituent des stations navales importantes ; ils assurent ou coupent nos communications avec l'Algérie. Ces îles, avec Gibraltar, nous portent donc à l'alliance espagnole.
5. **Alger**, destinée à devenir la capitale de l'immense empire Franco-Musulman.
6. **Malte**. La possession de cette île, poste avancé des États Barbaresques, a causé la rivalité entre la France et l'Angleterre, sous la domination de Napoléon.
7. **Rome**.
8. **Dardanelles**, forment, avec le Bosphore, le canal d'entrée russe dans la Méditerranée, comme le canal des deux mers doit former le nôtre.
9. **Bosphore**. L'Angleterre soutient les Turcs, pour fermer le Bosphore aux Russes. Nous aurions dû soutenir Méhémet-Ali contre eux, et aujourd'hui, nous devons soutenir l'indépendance égyptienne, les Arabes et les Musulmans nègres.

10. **Port-Saïd.**

11. **Suez.**

Ce canal fait passer par la Méditerranée tout le commerce maritime qui passait par le cap de Bonne-Espérance, depuis Vasco de Gama. Il occasionnera une révolution politique intéressant particulièrement la France et l'Islam, aussi grande que la révolution commerciale.

**12. Ouadi Halfa**, limite Nord du désert de Nubie et Sud de l'Etat Egyptien.

**13. Djeddah.**

**14. La Mecque**

**15. Médine.**

Le pèlerinage annuel réunit dans ces deux centres des musulmans de tous les pays où a pénétré leur croyance : des bords du Volga, du Yang-tsé-Kiang, du Niger, du Nil, du Congo, de l'Indus, des steppes de l'Asie, de toute l'Afrique intérieure, des montagnes de l'Himalaya, du Maroc, etc. ; les Anglais en comptent 40 millions dans leurs possessions des Indes. Ces croyants ont ainsi un centre religieux ; ils n'ont plus de centre politique et en cherchent. La conquête de l'Egypte sous le général Bonaparte, puis son indépendance, sous Méhémet-Ali, devaient créer ce centre. Arabi fit une tentative récente, mais il fut renversé, comme Méhémet-Ali, par les armes Anglaises ; un nègre Baggara musulman, réussit en 1882, détruisant trois armées anglaises, et capturant deux généraux en chef ; son successeur, à l'heure actuelle, a des canons, 80,000 fusils, une flottille à vapeur sur le Nil blanc, bat monnaie d'or et d'argent ; son royaume, déjà quatre fois grand comme la France, s'étend toujours. Pour l'arrêter, l'Angleterre nous a chassés, en 1890, de Zanzibar, a chassé nos missions de l'Ouganda, a installé sur la côte Est de l'Afrique, au Nord de Zanzibar, les Allemands, le drapeau anglais et les Italiens, jusqu'aux frontières de l'Etat Egyptien, sur la mer Rouge, où nous n'avons plus qu'Obock. En échange, nous avons accepté Madagascar, île isolée qui nous appartenait déjà, dominée par les Hovas, qui tirent leur commerce, et surtout leur indispensable eau-de-vie de l'île anglaise de Maurice, située à proximité. En même temps, nous avons cédé à l'Angleterre le Soudan central, avec le Niger et le Bénué, et, tacitement, nous nous interdisons l'arrivée au lac Tchad par l'Algérie et les Touaregs de l'Est.

**16.** **Dongola**, appartenant à l'Empire du Mahdi : territoire de pénétration facile en Egypte.

**17.** **Khartoum**, ancienne capitale du Soudan Egyptien. Le Mahdi a bâti en face, sur la rive gauche du Nil blanc, sa capitale actuelle, *Omdurman, 150,000 habitants*, où s'élève son tombeau, vaste coupole à cent pieds au-dessus du niveau du sol.

**18.** **El-Obéid**, capitale du Kordofan, empire du Mahdi.

**19.** **Dar Nouba**, district Nord du territoire des **Baggara**.

**20.** **Dar Fertit**, province Sud-Ouest des **Baggara**.

Le Mahdi et son successeur sont sortis du rameau nègre, les Baggara. Ces deux provinces font partie de son empire.

**21.** **Dar Banda**, à l'empire du Mahdi. Le vrai but de l'expédition de Stanley, au secours d'Emin-Pacha, a été d'arrêter les progrès des Mahdiistes, au Sud de ces provinces, dans le Congo Belge et au lac Albert, qu'ils ont pourtant atteint en prenant Ouadelaï, occupé par Emin, au nom du Khédive. Les Anglais, en déchirant le traité de Zanzibar, ont aussi dépouillé le Khédive, pour se substituer à la place des Egyptiens, et substituer les Allemands à notre place, en même temps qu'ils donnaient la rive Est de l'Afrique des Somali et de Massaouah aux Italiens. Ainsi, ils peuvent arrêter plus effectivement, dans le Sud, les progrès du Mahdiisme, et, avant tout, son contact avec nous, soit par Obock, qu'ils ont ainsi isolé, soit par l'Ouganda, d'où ils ont chassé nos missionnaires d'Afrique qui atteignaient déjà pacifiquement et amicalement le lac Albert, soit en gênant notre débouché au lac Tchad, par le Niger ou le Congo Français, soit, et, avant tout, en empêchant notre pénétration directe par le Sud Algérien et les Touaregs de l'Est, leurs ennemis, qu'ils cherchent à ruiner par la concurrence de la ligne Tripolitaine. Cette ligne leur est la plus fatale, car ils n'y ont aucun accès ; elle est la plus courte pour nous, et elle met nos quatre millions d'Arabes en relation directe avec l'empire musulman du Mahdi, Bornou, Adamaoua (alliance Mizon), Baghirmi (alliance Maistre) et même notre Congo Français, entourant le lac Tchad.

**22.** **Dar Rounga.**

**23.** **Baghirmi**, empire Musulman allié à la France, par traité de Maistre.

**24.** **Adamaoua**, empire Musulman allié à la France, par traité de Mizon.

**25. Bornou**, le plus ancien empire Musulman du Soudan, toujours favorable à la France, en raison de l'Algérie.

**26 et 27. Touareg Keloui**, dont le centre est **Aïr** (27), engagés par le traité de Ghadamès dans l'alliance française. Tiennent la célèbre mine de sel de Bilma ; sel inépuisable et dont la demande au Soudan est indéfinie.

**28. Kanem.** Territoire de pâturages (steppes) parcourus par les Keloui, n'appartenant à aucun royaume. C'est là qu'à l'aide des Touaregs de l'Est, dont ce serait la fortune, à l'aide d'une de nos grandes familles du Sud Algérien, et de l'intelligente et pacifique population de notre Souf, amie des Touaregs, il nous convient de fonder un empire musulman, sous notre drapeau, autour duquel se grouperaient à l'instant tous les empires musulmans riverains du Tchad, et progressivement, tous les musulmans indépendants, de l'Afrique comme de l'Asie, sans qu'il nous en coûte un seul homme ni un coup de fusil.

**29. Ouadaï**, empire musulman encore indépendant, mais influencé par le Mahdi.

**30. Darfour.** Appartenant au Mahdi.

**31 et 32. Touareg Azdjer**, dont le centre est au campement de **Ghat** (32). Leurs chefs ont été signataires du traité de Ghadamès (1862).

**33. Bir Assiou**, limite des **Azdjer** et **Keloui**. — Les restes du colonel Flatters et des Français tombés autour de lui doivent être dans le voisinage de cette étape d'eau, au nord-ouest, sur la frontière des Hoggar. Si l'influence anglaise n'était pas parvenue chez nous à dénigrer ces fidèles alliés et à détourner notre attention contre le Touat et le Maroc, il y aurait longtemps qu'à l'aide des premiers nous aurions recueilli les restes de nos compatriotes, abandonnés depuis 1880, dans le désert où ils sont tombés.

La ligne joignant (32) (33) (27) et (36) est la ligne commerciale des Azdjer Keloui.

**34. Mourzouk.**

**35. Bilma**, célèbre mine de sel à l'oasis de Kaouar.

**36. Lac Tchad**, lac parsemé d'îles habitées par une population de pirates. Ses bords fournissent le natron, dont le commerce prend immédiatement la seconde place après celui du sel de Bilma. Son principal affluent est le Chari.

**37. Ouargla**, seul port de la mer Saharienne appartenant à nos côtes du Sud. Les Touaregs Azdjer et les Iforas, leurs congénères, y atterrissent. Entre ce port et le pied de nos hauts plateaux, sont répandus les Châambas, coupeurs de routes, et, pour cette raison, toujours en querelle avec les Touaregs.

38. **Ghadamès**, entrepôt commercial dont les habitants sont amis intimes des Azdjer, depuis un temps immémorial.

39. **Tombouctou, sur le Niger**, ville déchue à cause de l'insécurité croissante de la route du Nord. La mine de sel de Taodenni, qui alimentait son commerce, comme celle de Bilma celui des Keloui, est de moins en moins exploitée; par contre, tout le commerce de sel du Soudan occidental vient d'Igbil, dans l'Adrar, près de la côte de l'Atlantique. L'Adrar vient d'être déclaré sous l'influence de la France. (Traité Fabert.)

40. **Bouches du Bénoué dans le Niger**.

41. **Cameroun.** Son terrain d'arrière est séparé au S-E de notre Congo français, par le 15° méridien (observatoire de Greenwich). (Voir sur cette limite l'article de la *Gazette de Cologne* n° 695 du 30 août 1893.)

42. **Congo français**, s'étend déjà aujourd'hui de plein droit à l'Est du 15° méridien (voir n° 41 ci-dessus), jusqu'au Chari et au lac Tchad, au nord duquel il rencontre nos Touaregs. A l'Est, sa limite n'est pas bien définie, mais elle touche actuellement le Baghirmi, et, plus à l'Est encore, l'empire du Mahdi. Une partie de terrain français, le long de la côte Atlantique et au sud du Cameroun, a été cédée gracieusement à cette colonie allemande, par nous, sur une étendue d'environ 60 kilomètres, depuis l'ancien point limite, Gros Batanga, jusqu'à l'embouchure du fleuve Campo. Ses limites le long du Congo sont expliquées n° 43. Enfin, la rive droite de l'Oubanghi achève sa limite, le long du Congo belge, jusqu'à un point en avant, non encore défini, où nous rencontrons l'empire du Mahdi.

43. **Bouche du Congo** ou **Zaïre**. La rive droite appartient au Congo français, jusqu'à la bouche de l'Oubanghi, sauf une langue de terre, à l'embouchure, qui est le pays des Bassoundis, puis la rive droite de l'Oubanghi, jusqu'à une limite non encore officielle, mais qui, après le voyage de M. Maistre, doit rejoindre le Chari et suivre sa rive droite jusqu'au Tchad.

44. **L'Oubanghi** a son embouchure dans le Congo.

45. **Le Chari**. Depuis le voyage de M. Maistre, au moins le terrain à l'Est du Chari et de son principal affluent, font partie du Congo français.

46. **Zanzibar.** (La notice sur Zanzibar, en raison de sa longueur, est placée sous forme d'article spécial, à la fin de la présente légende géographique).

47. **Bagamoyo.** Cette magnifique mission française est, pour ainsi dire, reconnue d'utilité publique, par toutes les

puissances européennes. Elle est même grandie, grâce à cet hommage universel, depuis que, par notre abandon, en 1890, elle n'est plus sous le drapeau français, mais sous le drapeau de l'Allemagne ; en effet, les croisières anglaises, allemandes, italiennes, qui font la chasse aux bâtiments négriers, dans les eaux de Zanzibar, remettent en liberté les hommes et les femmes faits, mais, quant aux enfants, dont les parents sont inconnus, ils les confient aux Pères de Bagamoyo qui les élèvent, les instruisent, les marient et les échelonnent dans l'intérieur, jadis notre propriété, par stations, où ils leur font élever des maisons et leur enseignent l'agriculture. Ainsi, dans ces vastes plaines de hautes herbes, s'élèvent des villages chrétiens ; beaucoup de leurs ustensiles sont tirés de la place d'Alger ; nous pouvons citer, entre autres, une enclume de la valeur d'une vingtaine de francs qui est revenue, rendue à Bagamoyo, au prix de 130 francs. Les expéditions pour cette mission si intéressante se font en petites malles d'un format réglementaire tel que le nègre porteur, seul moyen de transport encore établi dans le pays, puisse la prendre en charge comme le soldat porte son sac. Avec cette expansion chrétienne, se faisait celle du drapeau français. En 1862, l'Angleterre l'a enrayée ; en 1890, elle l'a abolie, en arrachant le drapeau français qui flottait à Zanzibar, pour lui substituer le drapeau de l'Allemagne.

**48. Tanganyka.**

**49. Victoria-Nyanza (Kéréoué).** Nos missions d'Afrique entouraient cet immense lac et s'étendaient, au nord, dans l'Ouganda, vers le lac Albert lorsque, en 1890-91, la retraite d'Emin-Pacha, ramené par Stanley à Zanzibar, a laissé le centre de Ouadelaï (52) aux mains du successeur du Mahdi. La politique anglaise n'a pas voulu laisser nos Pères blancs au contact des Mahdistes. Les Anglais ont brusqué le mouvement, en les fusillant et aujourd'hui qu'ils ont organisé militairement la limite, ils les cantonnent et leur rendent hommage, dans tous leurs rapports.

**50. Albert-Edouard.** Une des sources du Nil, cédée par nous aux Anglais, comme l'autre source marquée par le lac Victoria (49).

**51. Lac Albert.**

**52. Ouadelaï.** Station sud du Gouvernement égyptien, d'où Emin, pacha d'Egypte, fut enlevé par Stanley, qui s'appuyait sur le marchand d'esclaves conquérant Tippo-Tip, l'allié et le point d'appui de tous ses succès en Afrique. Le but secret de l'expédition, aujourd'hui devenu public, était de

faire le vide, pour l'influence anglaise venant de la côte
de Zanzibar. Ce même but a fait chasser nos Pères blancs
qui remontaient de l'Ouganda vers Ouadelaï. Mais, dans le
vide laissé par Emin, les troupes du Mahdi ont pénétré les
premières, occupé Ouadelaï et poussé jusqu'au lac Albert.
L'ignorance où notre Quai-d'Orsay nous laisse de ces
questions si intéressantes, ne nous permet pas de pousser
nos renseignements jusqu'à ce jour.

**53. Ouganda,** c'est la province où nos Pères blancs d'Afrique
ont été fusillés et canonnés par les Anglais, après le
passage de Stanley ramenant Emin-Pacha à Zanzibar en
compagnie de deux Pères blancs qui les avaient accueillis
à leur passage près de l'Ouganda et comblés de soins. Ce
sont les Pères Girault et Schinze, des missions d'Alger (voir :
*Stanley au secours d'Emin-Pacha* par Wauters, page 419 —
Paris, maison Quentin, 1890).

**52 à 17. Nil blanc.** (Bhar-el-Abiad).

**54. Rapide du Congo.** (Stanley Falls) station de l'Oumanga
où Stanley, pour pouvoir faire sa marche du bassin du
Congo à celui du Nil et, par suite, sa jonction avec Emin,
a dû établir en qualité de Gouverneur, le célèbre traitant
d'esclaves, Tippo-Tip, qu'il embarqua avec lui au Zanzibar
et garda près de lui, avec ses quinze femmes, pour se
procurer des porteurs et travailleurs dans tout son parcours
du bas et moyen Congo, et qu'il quitta à quelques lieues du
commandement qu'il lui avait donné, pour remonter vers le
E-N-E.

**55.** Limite nord de la côte allemande.

**56.** — — — anglaise.

**57.** — — — italienne.

**57-58-59.** Côte anglaise.

**60. Obock et côte française,** que, en exécution de la politique de la Triple-Alliance, l'Italie cherche à isoler de l'empire du Mahdi et même de l'Abyssinie, par la création de
l'empire d'Erythrée.

**61 à 62. Côte italienne.**

**63. Abyssinie,** dont l'alliance avec nous est désirable, mais
absolument secondaire, en comparaison de l'alliance franco-
islamique. Sa côte, le long de la mer Rouge, est d'ailleurs
entre les mains des Musulmans. (Voir : *Une Mission en
Abyssinie* — comte Stanislas Russel — Paris — Plon, 1884).

**64. Aden.**

**65. Mer Rouge.**

**66. Golfe d'Aden.**

**67. Mer d'Oman.**

**68.** Golfe d'Oman.
**69.** Golfe Persique.
**70.** Bouchir.
**71.** Bassorah.
**72.** Le Tigre.
**73.** L'Euphrate.
**74.** Kharoun.
**75.** Bagdad.
**76.** Perse.
**77.** Arabie.
**78.** Béloutchistan.
**79.** Afghanistan.

**80.** **Indus.** La longue côte maritime qui s'étend depuis la mer Rouge, jusqu'aux bouches de l'Indus, est tout entière musulmane, avec une immense portion du territoire aboutissant à cette côte. Par le nord de l'Afghanistan, ce territoire touche à la Russie d'Asie, comme par l'Asie-Mineure et le Caucase, il touche à la Russie d'Europe. L'est de l'Afghanistan va joindre le Cachemire, ce qui pousse jusqu'au Thibet la limite de l'Islam ; puis, au Thibet commence une suite non interrompue de missions catholiques françaises ayant droit d'existence, en vertu du traité de Tien-Tsin, conclu entre la France et la Chine, après l'occupation de Pékin, et s'étendant jusqu'au Haut-Mékong et à la frontière commune de la Chine et de notre province tonkinoise de Hanoï. Tout cela se trouve relié à l'Algérie par Ouargla, le territoire des Touaregs de l'Est, nos alliés, qui ont déclaré l'année dernière, à M. le Gouverneur général Cambon, qu'ils n'avaient pas d'Anglais chez eux, par le Tchad et Barrua, par le Baghirmi, par l'empire du Mahdi, l'allié que nous devons opposer au marchand d'esclaves Tippo-Tip, ami de Stanley, qui vient de rentrer dans le giron de l'Angleterre et de s'y marier. Avec ces communications toutes pacifiques, diplomatiques et gratuites, nous devons faire parvenir un fil télégraphique atterrissant partout, sous la protection musulmane, pour arriver jusqu'à notre Tonkin, dans l'Extrême-Orient, où il rencontrera encore la province musulmane du Yu-Nam, et pour se bifurquer, soit en Asie-Mineure, soit en Perse, soit en Afghanistan, pour communiquer avec notre allié et ami l'empire russe. Nous ne serions plus obligés de nous adresser aux câbles sous-marins anglais, pour avoir des nouvelles du Siam, ni de regretter l'atterrissement des Açores, que nous venons de céder à la Grande-Bretagne, il y a quelques mois, en grevant notre budget de 1894 de 500,000 francs de dédit à payer au gouvernement portugais, dont la Chambre a déjà, sur les instances immédiates anglaises, approuvé le transfert de nos droits à notre rivale politique.

81. **Inde.**
82. **Cachemire.**
83. **Thibet.**
84. **Limite de la Russie et de l'Afghanistan.**
85. **Mer Caspienne.**
86. **Astrakan.**
87. **Kraznowodsk.**
88. **Ouzoun-Ada.** Tête du transcaspien, qui passe par (89) **Merv**, (90) **Bokara** et se termine à (91) **Tachkent.** — Cette voie ferrée, tout entière construite par le Gouvernement russe et précédée par le traité de Skobeleck avec les Turcomans qui sont leurs Touaregs de l'Est, tend toujours à s'accroître, doit bientôt, si ce n'est déjà fait,. se relier par un embranchement à Orenbourg, et a déjà une étendue telle que si on en plaçait la tête de ligne (nᵘ 88 de notre carte, sur la mer Caspienne), à Ouargla, et qu'on l'étende sur la route commerciale de nos alliés Touaregs, l'autre extrémité dépasserait le lac Tchad.
89. **Merv.**
90. **Bokara.**
91. **Tachkent.**
92. **Bakou**, grande exploitation de pétrole.
93. **Lac Aral.**
94. **Syr Daria.**
95. **Amou Daria.**
96. **Le Gange.**
97. **Brhamapoutra.**
98. **M·ndalé**, capitale de Birmanie, sur l'Iraouadi.
99. **Bangkok**, capitale du Siam, à l'embouchure du Mékong.
100. **Oudoung**, capitale du Cambodge (protectorat français)
101. **Saïgon**, capitale de la Cochinchine Française, aux bouches du Mékong.
102. **Battambang**, ville du Siam, gardée en gage par la France, jusqu'au règlement des conditions de l'ultimatum.
103. **Hué**, capitale du Tonkin.
104. **Houten**, commandant les deux rives du Mékong, occupé par les Français.
105. **Hanoï**, capitale du Haut-Tonkin, commandant le cours de la rivière Rouge et de la rivière Blanche, qui donnent accès en Chine, à l'est du Laos.
106. Entrée du fleuve Rouge en Chine par **Lao-Kaï**, ville-frontière.

**107**. **Kiang-Hong,** passage en Chine par le lit du fleuve Blanc.

**108**. **Portion du Laos,** contestée par les Anglais, protecteurs de la Birmanie, dont les frontières (109) touchent la rive droite du Mékong.

**110**. **Chine,** province de **Kouang-Si.**

**111**. **Chine,** province du **Yu-Nam.**

**112**. **Golfe du Tonkin.**

**113**. **Ile Formose.**

**114**. **Golfe de Siam.**

**115**. **Presqu'ile de Malacca.**

**116**. **Golfe du Bengale.**

**117**. **Ile de Ceylan.**

**118**. **Souakim,** occupé par les Anglais.

**119**. **Etat du Congo,** indépendant.

## V

## CONSIDÉRATIONS GÉNÉRALES

La ville de Zanzibar est bâtie sur une île, en vue de la côte, formant un bon port pour les vaisseaux de commerce et de guerre. C'était une colonie et une dépendance de Mascate (mer d'Oman), où siégeait l'iman ou souverain. De l'île, a été occupée toute la côte Est, jusqu'au 5e parallèle Nord environ, et au Sud, la côte jusqu'au Mozambique ; cette limite est partagée depuis 1890 en portions presque égales entre l'Allemagne, au Sud, l'Angleterre, au Nord, et, plus au Nord encore, l'Italie. Les terrains d'arrière de ces portions de côte donnent des droits indéfinis, dans l'intérieur de l'Afrique, limités seulement par l'Etat indépendant du Congo. Ainsi, les Allemands ont la moitié du Nyanza, du Tanganyika et du lac Victoria ; les Anglais ont la moitié Nord du même lac et les lacs Albert et Albert-Edouard, c'est-à-dire les sources du Nil. Les Italiens ont devant eux les Somali et Galla, et, plus loin, l'Abyssinie. Puis, au nord de leur côte, recommence la côte anglaise, comprenant le cap Gardafui, l'île Socotora et tout le sud du golfe d'Aden, jusqu'à notre petit territoire d'Obock, en face le détroit de Bab-el-Mandeb. Puis recommence la côte italienne, longeant la Mer Rouge, à l'ouest, avec ses îles, et le centre très important de Massaouah, qui est la clef commerciale de l'Abyssinie proprement dite. Cette côte italienne remonte au Nord-Ouest jusqu'à la côte de l'Etat égyptien. C'est l'exclusion totale de la France de la côte Est de l'Afrique.

Or, jusqu'en 1862, Massaouah n'avait qu'un consul étranger, c'était celui de France ; Zanzibar ne connaissait qu'une influence, celle de la France ;

mais, à cette date, le Gouvernement français, pour
s'assurer la coopération de l'Angleterre contre le
Mexique, comme, plus tard, notre Gouvernement a
formé le consortium d'Egypte, pour s'assurer la coopération de l'Angleterre dans les finances du Caire, en
1862, disons-nous, la France fit, avec l'Angleterre, la
convention de Zanzibar, par laquelle nous nous enga-
gions à ne pas continuer à pénétrer, de l'île, par la côte,
dans l'intérieur, côte sur laquelle nous avions déjà
l'admirable mission de Bagamoyo, dont tous les voyageurs partis de Zanzibar pour l'intérieur de l'Afrique, et spécialement la région des grands lacs, ont
fait un éloge sans égal.

En passant avec nous cet engagement, l'Angleterre sanctionnait nos droits par cela même qu'elle
nous en demandait la réserve. Nous fûmes fidèles à
ce traité, mais, au début de 1890, parut simulta-
nément, dans les pièces officielles du royaume de la
Grande-Bretagne et de l'Empire Allemand, un traité
en vertu duquel ces deux puissances se parta-
geaient le Zanzibar, proclamant ainsi tacitement,
sans nous prévenir en rien, notre déchéance ; de plus,
l'Angleterre reniait sa signature à un traité qu'elle
avait exigé de nous, pour sa coopération dans la
guerre du Mexique, où elle nous avait abandonnés, à
Véra-Cruz. Cet exemple peut servir de type à notre
politique africaine en général, vis-à-vis des exigences
de la Grande-Bretagne, et en particulier à celle que
nous suivîmes dans la même funeste année de 1890,
où nous consentîmes à remplacer, au gré de l'Angleterre, le traité de Zanzibar — 1862 — ainsi déchiré,
par une nouvelle convention conclue quelques mois
après l'insulte par laquelle nous lui abandonnions
encore tout le Soudan central, avec son artère prin-
cipale, le Bénué et le Niger, au-dessous de l'embouchure de celui-ci. La possession de Madagascar qui
nous appartenait, à nous seuls, depuis Louis XIV,
reconnue par l'Angleterre, fut considérée comme une

concession équivalente à tous ces abandons et à l'oubli de l'insulte.

L'Angleterre, qui n'a jamais eu de droits sur Madagascar, mais seulement un commerce assez actif par l'île Maurice, n'a pas renoncé à ce commerce qu'elle poursuit, en excitant la population guerrière des Hovas contre nous, y répandant son influence hostile par ses missionnaires qui, par moments, sont plus protégés par notre administration de cette île, que nos propres missionnaires catholiques ; elle poursuit même la vente d'armes et de munitions qui sont évidemment destinées à nous combattre.

Encore une fois, ces paroles ne comportent aucune excitation malsaine contre un grand pays. L'Angleterre joue fièrement son rôle, nous ne jouons pas le nôtre, voilà tout. On fit, en 1890, un grand bruit, chez nous, de ce que cette convention entre la France et l'Angleterre, en date du 6 août, qui, heureusement, n'a pas été soumise à la sanction de la Chambre, nous assurait, par le consentement de la Grande-Bretagne, pour limite sud de nos possessions algériennes, la ligne Say Barrua, du Niger au Tchad ; mais, outre qu'il a été omis de dire qu'il s'agissait d'une ligne droite, entre ces deux points, et qu'aujourd'hui cette omission, devant les prétentions de la Grande-Bretagne, remet tout en question ; outre que l'Angleterre n'avait aucun droit sur les territoires limités par cette ligne, puisque son terrain d'arrière ne compte que du lit du Niger et du Bénué, dont la concession lui était faite par nous, que les ayants-droit avec nous, dans la théorie prépondérante de l'interland étaient les Turcs, pour la Tripolitaine, le Maroc, pour cet empire, et l'Espagne, pour la côte Ouest de l'Afrique du cap Noun au cap Blanc, avec les îles Canaries à l'avancée, et que l'Angleterre n'avait aucun mandat de ces puissances, pour les représenter, qu'ainsi, une seconde fois, comme la première fois pour le Madagascar, nous acceptions ici, en échange de nos droits réels, des prétentions insoutenables de l'Angleterre, prétentions qu'elle n'avait jamais formulées avant la rédaction de la convention, il semble, pour comble, qu'elle aurait exigé un article secret, par lequel nous nous serions engagés à ne pas nous servir de cette extension sud de notre frontière algérienne, car c'est dans ces termes que la reine, dans son discours de la couronne, définit la limite Say-Barrua. En effet, depuis ce temps, nous n'avons rien fait pour pénétrer de l'Algérie de ce côté ; nous n'avons pas prononcé, comme il allait de soi, notre influence sur les Touaregs, pas même sur ceux de l'Est, que le traité de Ghadamès (1862) soumettait déjà à notre influence, précisément jusqu'au même Barrua, du lac Tchad. Nous avons ainsi, en 1890, acheté la confirmation du traité de Ghadamès, par l'abandon de toute la côte Est de l'Afrique, de tout le Soudan oriental et central, et l'acceptation de l'injure d'un traité déchiré sans préambule, pour remettre ce même traité dans notre poche et ne pas oser nous en servir.

Bien plus, cette convention de 1890, en nous faisant proclamer des résultats sans avoir daigné consulter les ayants-droit, nous brouille avec le Maroc et l'Espagne, c'est-à-dire avec l'islamisme, notre force en Asie et en Afrique, avec l'Espagne, maîtresse de l'entrée de Gibraltar et des Baléares. Encore davantage, on lit dans beaucoup de publications et de feuilles qui peuvent être admises comme officieusement inspirées, un déni de toute justice à l'égard des Touaregs de l'Est, un dénigrement systématique et constant, une excitation à la guerre contre le Touat et forcément le Maroc, c'est-à-dire tout ce que l'Angleterre pourrait rêver, dans sa constante diplomatie, pour nous brouiller avec tout ce qui doit faire notre force, notre salut et notre grandeur, c'est-à-dire : l'islamisme, qui nous rendrait l'Egypte et l'isthme de Suez, notre création, les Touaregs de l'Est, qui rattachent le Soudan à la

France, l'Espagne dont l'alliance nous assure la Méditerranée et le passage des Baléares.

L'alliance de l'Islamisme nous assure un autre avantage, également de premier ordre, et dont l'urgence se fait doublement sentir à notre époque où, en temps de guerre, la force maritime prend une grande importance ; où, en temps de paix, le protectionnisme indispensable au relèvement de l'agriculture menace gravement notre marine marchande. Les difficultés qui s'élèvent entre nous et la Grande-Bretagne, pour la pêche au banc de Terre-Neuve, dans l'interprétation de traités refaits sous la Restauration, à l'avantage de la France, aggravent encore la situation de nos mariniers, parmi lesquels notre force navale doit trouver son recrutement. Or, l'alliance islamique nous ouvre immédiatement un champ indéfini.

Depuis Sierra-Léone jusqu'au Mozambique portugais, en passant par le Maroc, les Etats Barbaresques et le canal de Suez, toute la ligne côtière, d'une manière non interrompue, est habitée par des populations musulmanes, même la côte abyssinienne (*Une mission en Abyssinie* — Comte Russel — Paris, Plon ; 1884, page 20). En remontant du canal, la côte musulmane suit les bords de la Méditerranée, jusqu'aux Dardanelles, pénètre par cette ouverture et embrasse toute la mer Noire, en ressort pour suivre la côte de Turquie d'Europe jusqu'à l'Illyrie. D'autre part, du canal de Suez, si l'on prend la côte d'Asie (Arabie), on arrive, d'une manière non interrompue, par la mer d'Oman, le golfe Persique, la côte du Béloutchistan et de l'Afghanistan, jusqu'à l'Indus.

Sans entrer dans de plus grands détails, on voit que l'Islam possède une étendue de frontières maritimes incomparablement plus grande que celles de toute autre confession religieuse, la nôtre y compris, à moins que l'on ne veuille compter cette limite de la Sibérie qu'un seul homme, Nordenskiol, a pu encore parcourir en bateau, en devenant immortel, pour ce seul fait. Or, l'alliance musulmane assure incontestablement tout ce développement à l'atterrissement de nos bâtiments de commerce, de même que le voyageur appartenant à cette confession est sûr d'y trouver partout accueil. C'est là un trait caractéristique de l'Islam, l'hospitalité et la protection pour celui qui respecte sa foi. De plus, cette alliance même met à notre disposition un contingent maritime indigène de premier ordre et dont l'utilisation se lie, d'une manière impérieuse, avec la création si laborieuse, chez nous, de troupes coloniales. Il n'est pas besoin de chercher, dans l'histoire, où les preuves abondent, l'appui de cette affirmation ; le fait seul de l'occupation d'une si énorme étendue de côtes, prouve l'esprit maritime musulman.

La première époque d'occupation de l'Algérie, qui, entre autres bonnes choses tombées en désuétude depuis, avait créé un bureau politique des affaires arabes, au centre du Gouvernement, avait créé, en même temps, un vaisseau école, pour la jeunesse musulmane, et on y arrivait à des résultats merveilleux ; mais, il faut bien le dire, à cette première époque, en succéda une seconde, dont les errements nous régissent encore, où de toutes les tribus de l'Arabie on n'en jugea qu'une seule digne de nous être assimilée : celle de Jacob. Toutes les autres furent considérées comme réfractaires au progrès, fanatiques, dangereuses, et pour toujours hostiles à la France.

Ainsi, depuis 1830, nous avons opposé à notre ancienne amitié pour la Russie, qui nous donna Alger et devait nous donner Anvers, un verdict d'irréductibilité à la civilisation, sous la dénomination « d'Empire Cosaque », pour idéaliser une Pologne fictive qui servit à quelques fortunes publiques, chez nous, au préjudice de la vraie et malheureuse nation, ainsi, disons-nous, par la même idéologie plus suggestive qu'objective, plus personnellement intéressée que patriotique, nous avons déclaré irréductible toute la puissance de l'Islam, et nos sujets musulmans en particulier ; et nous avons déclaré barbares les Touaregs de l'Est, qui ont voulu nous mener à nos grandes destinées.

Aux applaudissements de l'Angleterre, nous avons été en Crimée, en Chine, au Mexique ; nous avons refusé aux Espagnols le droit de se choisir un souverain, comme, à l'heure présente, nous sommes au moment de refuser au Touat le même droit, nous avons sacrifié toutes les tribus d'Arabie à une seule d'entre elles, nous nous sommes fait, aux trousses de l'Angleterre, agents d'affaires sur toute cette côte barbaresque qui ne nous demandait qu'un drapeau ; nous avons cherché de la monnaie là où on nous invitait à frapper monnaie.

Notre retour sage et patriotique à l'alliance russe, ne sera sanctionné et solidifié que par l'alliance avec l'Islam et notre expansion par l'Algérie dans le Soudan.

Tout cela, encore une fois, est assuré sans dépense et sans lutte, par une politique sage et persévérante, dont la première création doit être la voie ferrée jusqu'à Ouargla, port de mer saharien fréquenté par les Touaregs de l'Est.

Cette politique une fois assise, et elle peut l'être en une année, la fortune commerciale de notre belle France sera faite en temps de paix avec le Transsaharien et le canal des Deux-Mers ; quant au cas de guerre, nous serons inexpugnables : car, à l'instar de Rome, pour nous vaincre complètement, il faudra nous battre en Algérie, et avec l'alliance Russo-Espagnole, aucun ennemi ne pourra seulement entrer dans la Méditerranée.

Nous sommes sûrs que la flotte russe, que nous allons fêter à Toulon, n'est pas opposée à cette politique.

## CONCLUSION

Notre action doit être toute pacifique, politique, prenant pour principal point d'appui l'islamisme, la seconde civilisation du monde, qui forme notre jonction avec la Russie et nos colonies de l'Extrême-Orient ; en même temps, la recherche de l'amitié espagnole qui nous assure, en dépit de Malte, la prépondérance dans la Méditerranée, comme l'aurait fait Trafalgar, s'il avait réussi.

Nous devons donc éviter tout ce qui nous brouillerait avec les Musulmans et les Espagnols, c'est assez dire que toute action militaire du côté du Maroc est un piège tendu à notre amour-propre comme celui des Hohenzollern en Espagne, en 1870, où nous sommes tombés d'une chute qui nous pèse encore.

Nous devons, dans cette œuvre diplomatique et pacifique, nous servir de nos quatre millions d'Arabes algériens et tunisiens. C'est pourquoi il est urgent de constituer une agence politique gouvernementale embrassant tout notre extrême sud. Dans l'état actuel de notre organisation locale, il est impossible de faire autre chose que des fautes.

Il faudra, avec des hommes spéciaux, une organisation de renseignements, dont le public devra apprendre tous les résultats qui ne sont pas absolument secrets, afin que l'opinion soit dûment éclairée, comme cela doit être, par une administration qui détient toutes les sources de vérité, et que cette opinion la soutienne dans la lutte pour la patrie, au lieu d'être égarée, comme cela nous est trop souvent arrivé, et menace de nous arriver encore, ce qui la fait travailler au profit de nos adversaires.

C'est ainsi qu'il a fallu voir, avec un profond regret, d'excellents citoyens s'opposer à la construction d'une voie ferrée jusqu'à Ouargla, dont l'urgence n'admet pas une minute de retard pour prendre immédiatement le contact des Touaregs Azdjer, et le flux de leur courant commercial qui aboutit au Tchad ; et ces mêmes citoyens, faire l'éloge des Châambas, pirates de cabotage, qui ruinent, au profit de la ligne anglo-turque-tripolitaine, tout commerce venant du Soudan, pour atteindre la zone effective de protection couvrant, au sud, notre territoire algérien.

Ainsi : 1° chemin de fer à Ouargla ;

2° Organisation, en Algérie, d'un bureau politique d'alliance avec l'Islam ;

3° Fondation dans le khanem (Nord-Est du Tchad) d'un royaume arabe sous le drapeau français, avec un sultan arabe nommé par nous ;

4° Autonomie de la population arabe de l'Algérie, au moins dans le sud ;

5° Alliance avec l'Espagne ;

6° Canal des deux Mers qui fait de Bordeaux le passage obligé de tout le commerce de la Méditerranée et de la côte méridionale de l'Asie.

L'alliance russe, dont nous saluons l'arrivée de la flotte à Toulon, nous paraît comme un signe précurseur du retour de notre pays au vrai sentiment de sa politique si longtemps sacrifiée à la chimère d'une Pologne fictive, dont la vrai Pologne a autant souffert que nous.

Si, dans ce qui précède, quelques paroles paraissent trop vives, on les pardonnera à un homme qui a été chargé par son pays de traiter avec des populations du désert et de signer avec eux un engagement qu'il tient à honneur de voir respecter par son pays, comme il l'a été par la peuplade avec laquelle il a été contracté.

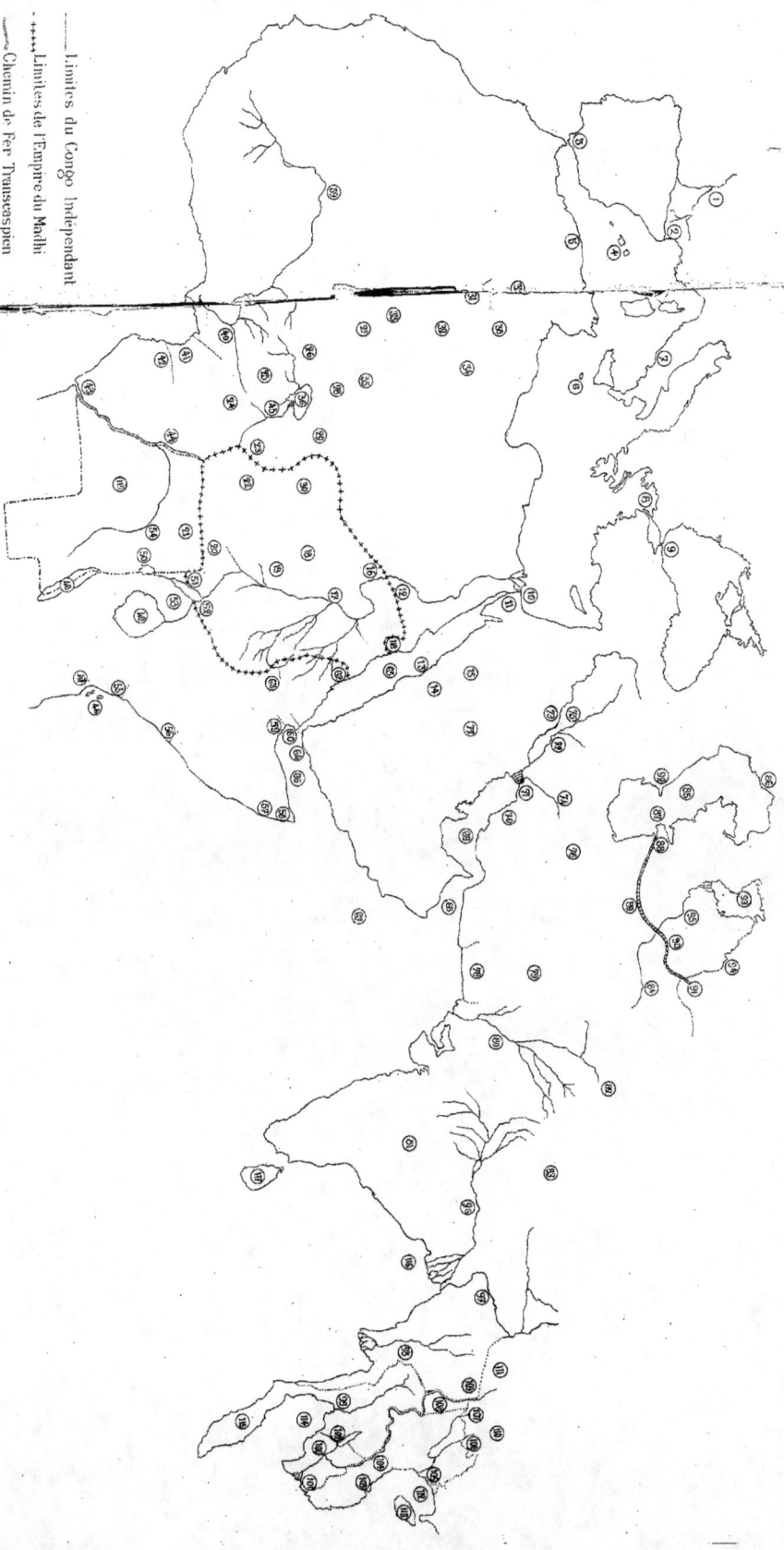

——— Limites du Congo Indépendant
++++ Limites de l'Empire du Madhi
～～ Chemin de Fer Transcaspien
～～ Côte Maritime Musulmane

www.ingramcontent.com/pod-product-compliance
Lightning Source LLC
LaVergne TN
LVHW022148080426
835511LV00008B/1321